I0423018

GIOVANNI GUARESCHI: L'ANTIEROE QUALUNQUE.

IL *DIARIO CLANDESTINO – 1943/1945*

Pubblicati dallo stesso Autore presso la Lulu
Press Inc.:

Romanzi:

La finestra sul tramonto

La lacrima del Dragone

Le acque sotto il ponte

L'incidente

Saggi:

L'arte della parola

Le figure retoriche

Interpretare il messaggio

Rifondare lo Stato

Essenzalismo

Le regìe occulte in Italia (1943 – 2011)

Poesie:

Disarmoniche armonie

Autore: Raffaele Carlettini
Titolo: Giovanni Guareschi: l'antieroe qualunque
Saggistica
Copyright © Raffaele Carlettini 2012
Prima edizione 2012
ISBN 978-1-4717-8432-3

www.lulu.com

Stampato presso:
Lulu Press Inc.
3101 Hillsborough Street
Raleigh, NC 27607
North Carolina
U. S. A.

"Lancio un'occhiata alla nuova generazione che m'accompagna: l'espressione è volgare ma non ne trovo una migliore: ci è rimasto dentro anche lui e, forse, è ancora più commosso di me.

Penso all'importanza dei cosiddetti luoghi comuni e alla malafede di chi tende a qualificarli come vuoti giri di parole che tutti usano per non dire niente, mentre in realtà sono frasi che esprimono sentimenti comuni a tutti. Gli unici sentimenti validi per tutti gli uomini di questo mondo".

(Giovanni Guareschi, *Ritorno alla base*)

"Ma cambierà, dicevano i padri, malati di nostalgia"

(Dante Strona, *Alle spalle dei padri*)

Indice

GIOVANNI GUARESCHI: L'ANTIEROE QUALUNQUE.

IL *DIARIO CLANDESTINO* – *1943/1945*

1. Oggi e domani

Giovanni Guareschi è forse uno dei più noti esempi, e forse l'unico sino a oggi, di uomo pienamente libero, padre di quel *Peppone* e di quel *Don Camillo* che ci hanno sempre accompagnato nei nostri giorni più spensierati, ma anche e ancor più nei giorni della maturità piena è il fermo esempio del fatto che si può essere liberi prendendosi le proprie responsabilità.

La caratteristica predominante del Guareschi è quel *"non mi piego e non mi spezzo"* che gli permise di sopravvivere nel lager e che con caparbia convinzione gli permise, a ragione, d'affermare: *"non muoio nemmeno se mi ammazzano"*. Ma questo gli permise anche d'essere un uomo staccato dal suo tempo perché v'era completamente immerso: staccato perché non s'è mai venduto a nessuno, nemmeno attraverso i compromessi; ma era completamente immerso nel suo tempo in modo tale da coglierne pregi e difetti, vantaggi e svantaggi. Giovanni Guareschi era, dunque, uno di quei rarissimi esempi in cui si poteva ritrovare della sana dignità. Forse, uno degli ultimi ad avere ancora una dignità umana che gli permettesse di tracciare una demarcazione netta tra sé e i buoni e i cattivi esempi d'una vita, gli uomini di buona volontà e i demagoghi.

Oggi e domani

Si parla molto e si discute sul domani. Questo è importante, però si evita di parlare dell'oggi. E la preparazione al domani la si potrebbe fare soltanto cominciando a vivere oggi con nuova coscienza: mettere in pratica subito l'onestà, la solidarietà, la dignità. È convinta che bisogna cambiare ma continua come prima. Dice: domani, domani…

Oggi credito non si fa, domani si farà. Oggi l'Italia non si rifà, domani si rifarà. Domani: è più comodo.

Gente civile rivela la preoccupazione di come potrà meglio sfruttare il sacrificio d'oggi. Così come quando si andava volontari per ottenere il tal posto o la tal promozione. L'amministrazione è cambiata, ma non questa gente. La marcia continua.[1]

---

[1] Giovanni Guareschi, *"Oggi e domani"*, in *Ritorno alla base*, pag. 77, Rizzoli, Milano, 1989.

2. Umorismo e dolore

"It may be that every word of 'My Secret Diary' is literally true: but its emotional falsness will surely make many readers profoundly uncomfortable"[2]: non potrò mai concordare con queste parole della critica tratte dal *Times Literary Supplement* all'edizione inglese del *Diario Clandestino –1943/1945* di Giovanni Guareschi.

Il motivo è più che semplice.

In questo volume di ricordi, il critico del *TLS* non s'avvede che il periodo in questione non è il dopoguerra. Infatti, questa traduzione con la conseguente critica risalgono al 1958, quindi se noi prendiamo in considerazione l'umorismo, ma ancor più l'ironia, utilizzato da Guareschi nel *Diario Clandestino* in rapporto

---

[2] *Behind Wire*, The Times Literary Supplement, London, 17 October 1958.

appunto al 1958, allora la cosa potrebbe apparire "irritante". Purtroppo, non è così che si dovrebbe scrivere una recensione, in quanto gli scritti di Giovanni Guareschi devono essere rapportati al periodo del lager: ciò significa che l'umorismo e l'ironia sono utilizzate dall'Autore per mascherare la dolorosa e gravosa esperienza della sopravvivenza in campo di concentramento.

Ma la critica ufficiale non è mai stata, in ogni paese del mondo, abbastanza attenta per capire che non si può assolutamente prescindere dal fatto che certi avvenimenti storici debbano essere visti e giudicati con gli occhi dell'epoca e col senno di poi, e non viceversa.

Umorismo, ironia, non sempre si manifestano per quello che sono. In *Diario Clandestino*, così come in *Favola di Natale*, e negli altri scritti posti a memoria di quel lungo periodo di prigionia nei lager nazisti, Giovanni Guareschi rende forse meno aspro il susseguirsi delle vicende sotto l'aspetto narrativo, ma lascia intatta la penosa realtà all'interno del reticolato.

Non c'è pagina in cui Guareschi non lasci affiorare il cupo 'sopravvivere', in cui si mostri in tutto e per tutto la tragedia d'un essere umano che si rivela sunto indelebile d'ogni vittima di quell'orrore.

Nel lunghissimo e interminabile susseguirsi dei giorni nel campo di concentramento c'è un Guareschi umorista, quello del *Bertoldo parlato*, quello che prosegue il lavoro di vignettista e di giornalista, di scrittore, perché ha compreso più d'ogni altro la tragicità dell'individuo, quello che vorrebbe risollevare il morale agli altri internati per farli sopravvivere anche solo un altro giorno. Purtroppo, però, nonostante tutto questo gravoso impegno auto-affidatosi, forse per pietà umana, o per solidarietà, o cameratismo, nelle pagine più intime del *Diario Clandestino* si nota come sia l'unico a rendere la speranza, l'intima speranza del ritorno a casa scevra di retorica che riempie invece le parole di altri alti ufficiali e del cappellano presenti in quell'inferno.

Sofferenza e nostalgia

Non abbiamo dimenticato mai di essere uomini civili,
uomini con un passato e un avvenire. [...]
Il mondo ci dimenticò.

La Croce Rossa Internazionale non poté interessarsi di noi
perché la nostra qualifica di Internati Militari era nuova e
non contemplata.

Dei due generali, parimenti nefasti alla storia d'Italia, che
– schierati in campi avversi – potevano per noi militari
fare o dire qualcosa, l'uno ci era palesemente nemico per
ragioni politiche, l'altro ci ignorava nel modo più assoluto
perché distratto dalla politica.

Non pretendevamo aiuti materiali; ci sarebbe bastata una
parola. Chi avrebbe potuto dirci questa parola, o la diceva
cattiva o non la diceva.[3]

Nelle pagine di questo libro, c'è un altro Guareschi:
l'uomo sofferente per sé e per gli altri, l'uomo che ha

---

[3] Giovanni Guareschi, *Diario Clandestino – 1943/1945*, Rizzoli, Milano, 1949.

paura di non tornare a casa da sua moglie e dai suoi figli. Ed è soprattutto la nostalgia verso i figli che l'opprime ogni istante, specialmente quando l'esperienza di un internato italiano che rimarrà in terra straniera a riposare perennemente lontano dal figlio, da poco nato e mai conosciuto, a colpirlo violentemente e assurdamente.

Cip

Conobbi un prigioniero tanto piccolo che un gavettino gli serviva da letto, e non solo vi si poteva stendere quant'era lungo, ma ancora gli avanzava spazio perché era un omino alto dodici centimetri.

Allora io stavo in un campo in Polonia, e si capiva benissimo che eravamo in Polonia perché il pane che ci davano era rotondo, mentre in Germania è rettangolare: e di questa diversità nella forma del pane bisogna essere grati alla Provvidenza, altrimenti non si capirebbe mai dove ci si trova, per il fatto che tutti i Lager sono identici: uno scatolone di sabbia con un coperchio di malinconia.

I giorni passavano squallidamente uguali l'uno all'altro, e sembrava che niente potesse succedere di nuovo e che tutti ci avessero dimenticati; ma una mattina di febbraio qualcosa di nuovo accadde e si seppe che almeno la morte s'era ricordata di noi. Così io mi trovai fra capo e collo una fotografia orfana di padre.

L'avevo rinvenuta nel campo tre sere prima e nel retro c'era scritto a lapis un nome che non conoscevo; mi informai chi fosse il titolare del nome, trovai la sua baracca, ma là mi dissero che l'avevano appena ricoverato all'infermeria, sì che io mi rassegnai ad aspettare che ne uscisse, e non potevo immaginare che – invece – egli non sarebbe ritornato mai più.

Era una fotografia formato cartolina e raffigurava un bambinello di due anni: un bambinello ricciuto e sorridente, seduto sulla sua carrozzella. Era una povera fotografia senza papà, ormai, e io lo adottai e l'appesi a capo della mia cuccetta; così, prima d'addormentarmi e appena mi destavo, la guardavo e mi pareva che il bambinello

sorridesse a me.

Ma una mattina, al mio risveglio, nessuno mi sorrise:

guardai e riguardai la fotografia, la osservai controluce, la

studiai con la lente, ma il bambinello non c'era più. La

carrozzella, sì, c'era ancora, ma era vuota.

Allungai una mano verso i miei cenci ammucchiati in fondo

alla cuccetta e rabbrividii, perché le mie dita avevano toccato

qualcosa di tiepido e di vivo.

Un bambino alto dodici centimetri dormiva in una piega

del mio farsetto a maglia. Ed era proprio lui, il bambinello

della fotografia.

A questo punto della storia, Guareschi compie un
inciso per dare notizia della morte del padre del piccolo
Cip: narra della prima notte al cimitero posto al di fuori
del reticolato di filo spinato del lager; un cimitero nel
quale prigionieri e carcerieri si trovano nella medesima
condizione, senza vincitori né vinti; il soldato che una
volta montava la guardia sull'altana e che avrebbe

sparato a ogni piccolo movimento, adesso parla amabilmente con gli spiriti dei prigionieri come se stesse facendo la conoscenza di nuovi amici. I prigionieri conversano tra loro con molta tranquillità e si scambiano quel fatidico pezzo di pane che da vivi era più prezioso dell'oro, o di chi sa cos'altro.

E dalla fossa novella, su cui la terra è ancora smossa, non del tutto compatta, di questo cimitero, fuoriesce l'anima del nuovo arrivato, in punta di piedi, che ringrazia per il pezzo di pane che sta ricevendo, ma che ancora prova vergogna perché non ha nulla da scambiare. Ma, adesso, non servono più gli scambi: non ce n'è più bisogno.

E Guareschi assiste alla scena: dalla finestra della baracca nella quale è prigioniero, nei suoi sogni. Medita, Guareschi; riflette sull'inutilità di quel tipo di vita, visto e considerato che la morte coglie tutti, indifferentemente, allo stesso modo; la morte non fa distinzione, e pone tutti sullo stesso piano, riporta l'intera esistenza a un livello più *"umano"*.

Per quanto riguarda, invece, Cip, nelle parole di Guareschi si sente tutta la forza di un padre a cui mancano i figli, che ha una grande nostalgia di casa, che vorrebbe essere con i propri figli anziché in quel lager a giocare con la fantasia e la fotografia di un bimbo di un altro internato. Si tratta di una forte dose di malinconia che attanaglia il cuore di Guareschi; e che culmina con la partenza dal lager, quando, cioè, egli riparte mentre Cip torna nella sua dimensione reale di fotografia abbandonata per rendere meno solitaria la tomba di un padre rimasto lontano dalla famiglia per la follia di altri.

Gli diedi un nome piccolo come lui: un nome fatto con un pezzettino del nome del suo babbo: Cip. (Cipriano si chiamava il suo papà).

Cip trascorreva la giornata chiuso nel suo piccolo Lager; giocava con un bottone dorato del mio "langiubbetto" azzurro, e io gli passavo sempre la sua raziocina;

margarina grammi 1; marmellata grammi 2; pane grammi 3; piselli alla mano n. 5.

Un giorno indicò col dito il mio piastrino: ne voleva uno anche lui. Era nel suo pieno diritto, e io gli feci un piastrino piccolissimo vi incisi anche un numerino di matricola: 001.

Volle poi anche un paio di zoccoli – come avevo io – e glieli scavai in due pezzettini di legno dolce, e così, quando Cip camminava, la tavoletta del suo Lagerino crepitava lievemente come se vi fosse annidato un tarlo: tik, tik, tik. Ogni tanto gli facevo arrivare un pacco: un quarto di caramella, un grammo di cioccolata, tre gocce di latte condensato eccetera, meno – si capisce – infiammabili, medicinali, e utensili atti a favorire un'evasione.

"'una", disse una sera indicando col ditino il soffitto del castello. Voleva anche la sua spettanza di luna, e io gli feci la luna con uno specchietto rotondo sul quale batteva – attraverso un buchetto del cortinaggio – un raggio della lampada elettrica. Con un batuffolo di bambagia gli feci anche la sua spettanza di nuvole.

"Màe", diceva ogni tanto. Voleva il mare, io allora me lo nascondevo nella tasca del cappotto e uscivo con lui. In un angolo del campo c'era una grande pozzanghera. Mi toglievo uno zoccolo e Cip vi entrava e navigava felicemente dall'una all'altra sponda, e compiva piccoli sbarchi con forze preponderanti.

Due volte al giorno gli suonavo la tromba, soffiando sul taglio di un foglietto di carta velina: Cip si adunava di corsa in mezzo al suo Lager e stava poi immobile come aveva visto fare agli altri, e io lo passavo in rivista. E non mancava mai nessuno.

Ma un giorno di fine marzo, Cip mancò all'appello.

(...)

Folate di vento devastavano ogni tanto quella deserta giornata di marzo e, ogni tanto, una finestra si spalancava con violenza e i brandelli di carta e gli stracci buttati sul pavimento della baracca volavano un po' dappertutto. La cortina del letto, dalla parte della finestra, s'era staccata quasi completamente: che la fotografia fosse stata portata via dal vento? (...)

E, sopra la tomba solitaria, c'era un cartoncino: la fotografia d'un bambino che sorrideva seduto sulla sua carrozzella. Cip aveva ritrovato finalmente chi era venuto a cercare nella gelida malinconia del Lager, ed era rientrato nel suo estatico mondo di carta patinata.

Io partivo, ma Cip rimaneva col suo papà.[4]

Quando leggo e rileggo più volte *Favola di Natale*, ogni volta mi sembra di entrare meschinamente nei sogni più intimi degli uomini che sopravvissero nei, e ai, lager nazisti.

C'è chi si aggrappa a Dio nella speranza di rivedere i propri cari; Giovanni Guareschi chiede aiuto alla nonna di Albertino, una donna che può aiutarlo realmente nella difficoltà attraverso il ricordo più dolce. È alla benevolenza degli spiriti più cari che si chiede di proteggere i propri famigliari: ma qui la questione è leggermente diversa. In effetti, si tratta di una nonna

---

[4] Giovanni Guareschi, *Diario Clandestino – 1943/1945*, op. cit..

che deve accompagnare il nipote a far visita al padre che si trova in campo di concentramento.

Tutti e tre i protagonisti della storia partono dalle rispettive dimore – proprie o forzate che siano – per potersi incontrare a mezza via.

Si tratta di un dolore viscerale quello dell'internato 6865, un dolore che ha accompagnato tutti i nostri ragazzi in terra straniera, lontani dalla madre Patria, lontani dagli affetti e dall'amore, forse odiando il momento in cui vennero intrappolati dai propri capi a dover utilizzare un'arma da fuoco contro uno sconosciuto, probabilmente odiando l'istante che dovettero affrontare la paura ricorrendo alla violenza e alla morte.

E forse è proprio questo il messaggio ultimo di Guareschi. Odio chi mi ha messo tra le mani un'arma per uccidere il prossimo, ma lo perdono perché è un debole. In guerra, chi offende per primo sta dalla parte del torto – anche se sarebbe meglio dire colui che dà l'ordine di offendere per primo -, ma è il soldato che è costretto a sparare, ad avere rimorsi di coscienza, perché spara a un suo pari senza colpe proprio come lui stesso – e non sono mai i capi a dover pagare in prima persona, a prendersi le proprie responsabilità.

Infine, chi soffre di più sono le *vittime innocenti*: i bambini lontani dai genitori e i bambini, non dimentichiamolo, trucidati nei lager nazisti. Mentre oggi s'aggiungono tutte quelle persone che parlando di *vittime innocenti* sono accusati d'essere troppo retorici; e se invece parlano di bambini, giovani, donne e anziani viene detto loro che *"lavorano troppo d'immaginazione"*. E così, noi piangiamo sulle tombe straniere delle nostre *vittime innocenti* con la rabbia nel cuore per chi anche oggi come allora, di loro, non ne vuole sapere.

E tutto ciò fa nascere una sorta di nostalgia di casa che, nei fatti, è una specie di rincorsa al passato perduto e che avrebbe potuto ancora essere se solo si fosse agito diversamente, o si fosse potuto agire diversamente. Una nostalgia di casa che è sempre servita a sentirsi sempre meno soli e sempre più vicini ai propri cari.

3. Umorismo quotidiano

Ma c'è anche un altro Giovanni Guareschi, oltre al prigioniero. Un *Giovannino* Guareschi, un Autore alquanto ironico che adora, di quando in quando, ridicolizzare, estremizzandoli, certi aspetti della vita quotidiana che lo circonda. La sua tenera e indomabile penna diviene una sorta di lingua acuta, in grado, se necessario, di ferire come fendenti di una spada. Ma non è tutto: in essa, infatti, viene anche chiaramente distillata l'essenza della bassa padana; è quindi capace di riportare fedelmente i sapori e i profumi più intensi che ancora non risentono dell'opacità industriale. Si tratta ancora di una società molto agricola, dove ogni cosa è viva – e il suo ricordo già non diviene tale che subito si trasforma in malinconia per un tempo che non si arresta.

La caratteristica principale del Guareschi è la spiccata visione ironica di una vita che si maschera, e ben si cela, dinanzi agli occhi della gente. Ed è proprio questo che rese il Guareschi un Autore scomodo: egli non si è mai limitato, ha sempre permesso al suo intimo ragionare di andare comunque oltre i nuovi orizzonti che si frapponevano, di volta in volta, tra lui e il proprio futuro, tra lui e la propria famiglia.

I personaggi di Guareschi si adoperano innanzi tutto per trasportare a un piano posto tra il reale e il celato la filosofia popolare, unico mezzo accessibile a chicchessia per comprenderlo senza però avere la possibilità di controbattere appieno le critiche mosse. Ecco, quindi, che il filo conduttore di tutta l'opera di Guareschi diviene la dimostrazione di come la saggezza popolare possa avere applicazioni nella vita di tutti i giorni (i luoghi comuni, se non continuamente abusati, sono mezzi utili, sono strane lenti attraverso cui è possibile filtrare la realtà sin dalla sua accezione più intima e personale).

L'estremizzazione della sincerità e della risolutezza nell'affrontare le varie diatribe e matasse che si trovano di volta in volta a sbrogliare i vari personaggi, nonché le cattiverie che gli stessi si rivolgono con tanto ardore e astuzia, ne sono, quindi, la massima espressione (*"patti chiari, amicizia lunga"*).

Non solo. Dobbiamo anche avere ben presente che, ad esempio, le cattiverie sono chiara denuncia, e critica, verso tutti coloro che dimostrano di non avere scrupolo alcuno per raggiungere lo scopo prefissato. Ecco perché il comportamento espresso dai vari personaggi, con tale risolutezza, ricordano le ultime parole proferite da Vanni Fucci nei riguardi di Dante: *"...E detto l'ho, perché doler ti debbia!"*.

Come precedentemente esposto, l'umorismo di Guareschi è in realtà una trasposizione ironica del quotidiano – rimembranza dell'umorismo pirandelliano. L'unica differenza tra quest'ultimo e quello di Guareschi risiede nel fatto che il secondo è assai più ilare, poiché esso serve a mascherare l'ampia critica redatta nei confronti della società.

In effetti, dobbiamo tenere presente alcuni punti; o meglio, i due personaggi più importanti dell'opera di Guareschi: Peppone e don Camillo. Essi sono la massima espressione della realtà quotidiana di un certo periodo storico: la prima Repubblica. Peppone è il classico compagno comunista di povera famiglia, che ancora fonda le proprie speranze sociali nell'utopia politica; mentre, dall'altra parte della barricata, troviamo don Camillo, il quale rispecchia non tanto un'idea di prelato, quanto la personificazione del clero democristiano. Infatti, in un paese come l'Italia, dove pressoché tutti sono pronti a ostentare il proprio machismo – e si è sempre pronti a usarlo -, non ci si lascia comunque mai precludere la via del dialogo che appiana le divergenze. Non a caso, Peppone e don Camillo hanno incontri/scontri spesso aspri e non poche sono le volte che vengono alle mani; ma subito dopo, eccoli di nuovo assieme, magari alla stessa tavola a condividere gioviali vino, pasta fatta in casa e cacciagione.

Queste *divergenze convergenti* che il Guareschi teorizzava a cavallo tra il 1948 e il 1963, sono le stesse che vennero utilizzate dai grandi, Kennedy e Krušëv, quando, con l'accordo di Cuba, diedero ancora una volta vita a ciò che passò alla storia come *distensione*.

Ma non solo: in effetti, queste altro non sono che le ben note *convergenze parallele* che hanno caratterizzato la politica democristiana capitanata da Aldo Moro che, proprio nel 1961, aprì le porte del governo del Paese al Partito Socialista Italiano e che, più tardi, portò a gettare le basi per il cosiddetto *compromesso storico*.

4. Conclusioni

Giovanni Guareschi è quindi un autore segnato dalla prigionia, non solo del lager ma anche delle carceri delle patrie terre (la denuncia delle lettere del 1944 con le quali il presidente del Consiglio Alcide De Gasperi avrebbe richiesto il bombardamento del quartiere di San Lorenzo a Roma da parte degli Alleati); ma fu anche prigioniero di un mondo che quasi non gli apparteneva. Se il Guareschi non fosse stato un uomo completamente indipendente senza quell'indole indisposta ad accettare certi compromessi che pesano sulla coscienza d'un vero uomo, allora avrebbe potuto più di una volta dimostrarsi apatico all'immutabilità dei cambiamenti che gli hanno segnato la vita per sempre.

Il padre di Peppone e di don Camillo è un'anima fortemente impregnata di dignità e sensibilità, di coerenza e presa di coscienza delle viltà nuove tipiche del vecchiume dei giorni trascorsi. Penna ironica e tagliente caratterizzata da un umorismo pirandelliano ben impostato, anche se spesso ben più ilare, tendente a velare critiche anche aspre in alcuni punti atte a riconoscere una presa di coscienza e una presa di posizione ferma, con quest'ultima che appare persino *"cocciuta"* nell'occasione che lo vide opposto nel processo con il capo del governo.

Vincitore morale di tutte le sue battaglie, ha saputo destreggiarsi con grande coraggio nella quotidianità, che gli sequestrarono dal giorno VIII settembre 1943 sino al XVI aprile 1945; e poi, dieci anni dopo, seppe dimostrarsi, come già detto poc'anzi, ancora più coraggioso con tutta la sua fermezza civile, lottando e facendosi carico d'ogni sua responsabilità sino all'ultimo nella controversia contro Alcide De Gasperi.

Ma il Guareschi fu anche uno di quei rari esempi di maturità di questa nostra Italia che, probabilmente, resterà ancora per lungo tempo ineguagliato: fu lui ancora a vincere sull'idiozia degli uomini che lo tradirono la prima volta quando, nel 1957, tornando da *"turista"* in Germania, a chi gli chiedeva se era mai stato in quel paese prima di quel giorno – ignorando che visse segregato per ben due anni a soli tredici chilometri da dove oggi s'incontravano -, rispondeva pacatamente che quella era *"La prima volta"*.

Forse, l'unica sconfitta alla quale era rassegnato per motivi di fede, venne e viene registrata nelle sue biografie con una semplice data: Cervia, 22 luglio 1968.

Bibliografia delle edizioni consultate

Articoli:

- **Bignardi Irene**, _C'era una volta la prigionia_, La Repubblica, 24 dicembre 1992;

- **Biscossa G.**, _Faceva nascere il sorriso entro i cupi "verboten" dei reticolati_, Corriere del Ticino, venerdì 21 ottobre 1988;

- **Bocchi Nino**, _Omaggio a Guareschi − Il Nino dell'anteguerra e il Giovannino di dopo_, Gazzetta di Parma, giovedì 22 agosto 1968;

- **Casalbore Mario**, _Guareschi il prigioniero con le ali_, Globarte, n. 5, Milano, agosto 1968;

- **Del Buono Oreste**, *E Guareschi tornò in prigione*, Corriere della Sera, Milano, domenica 28 maggio 1989;

- **Petacco Arrigo**, *La disfida Guareschi-De Gasperi*, Il Tempo, 05 ottobre 1993;

- *Behind wire*, The Times Literary Supplement, London, 17th October 1958.

Volumi:

- **Accrocca Elio Filippo**, *La distanza degli anni –
  1942/1987*, Newton Compton Editori, Roma,
  aprile 1988;

- **Gnocchi Alessandro**, *Giovannino Guareschi (una
  storia italiana)*, Rizzoli, Milano, aprile 1998;

- **Guareschi Giovanni**, *La scoperta di Milano*,
  Rizzoli, Milano, 1941;

- **Guareschi Giovanni**, *Il destino si chiama Clotilde*,
  Rizzoli, Milano, 1942;

- **Guareschi Giovanni**, *Il marito in collegio*, Rizzoli,
  Milano, 1944;

- **Guareschi Giovanni**, *La Favola di Natale*, Rizzoli, Milano, 1945;

- **Guareschi Giovanni**, *Don Camillo*, Rizzoli, Milano, 1948;

- **Guareschi Giovanni**, *Lo zibaldino*, Rizzoli, Milano, 1948;

- **Guareschi Giovanni**, *Diario clandestino – 1943/1945*, Rizzoli, Milano, 1949;

- **Guareschi Giovanni**, *Don Camillo e il suo gregge*, Rizzoli, Milano, 1953;

- **Guareschi Giovanni**, *Il Corrierino delle famiglie*, Rizzoli, Milano, 1954;

- **Guareschi Giovanni**, *Il compagno Don Camillo*, Rizzoli, Milano, 1963;

- **Guareschi Giovanni**, *Ritorno alla base*, Rizzoli, Milano, 1989;

- **Strona Dante**, *Una stagione nel tempo*, ISRPV, Borgosesia, giugno 1979;

- **Strona Dante**, *Per non gridare alle pietre*, ISRPV, Borgosesia, marzo 1982.

www.ingramcontent.com/pod-product-compliance
Lightning Source LLC
Chambersburg PA
CBHW060230290526
45789CB00003B/1486